AF330896

FÊTE

DE LA

RECONNOISSANCE.

1798.

EXTRAIT

Du Registre des Délibérations de l'Administration municipale du XIme. Arrondissement du Canton de Paris, du 10 prairial an 6 de la République française, une et indivisible.

Pour consacrer un hommage à cette vertu qui forme la rétribution du bienfait, et le dispute, dans les cœurs républicains, à la générosité elle-même ; l'administration arrête que les discours ayant pour titre, *Fête de la Reconnoissance*, prononcés par les citoyens DELAFONTAINE, Commissaire du Directoire Exécutif, et GAUTHIER, Président, seront imprimés et envoyés aux onze autres administrations municipales.

FÊTE

DE LA

RECONNOISSANCE.

DISCOURS

PRONONCÉ

PAR LE CITOYEN DELAFONTAINE,

COMMISSAIRE DU POUVOIR EXÉCUTIF

Près l'Administration Municipale du XIme. Arrondissement, dans l'édifice Sulpice.

Citoyens,

L'affluence des citoyens réunis dans cette enceinte, vous prouve le plaisir et l'empressement des vrais républicains à rendre hommage aux sentimens vertueux.

La reconnoissance mérite, sans doute, une place distinguée parmi ceux de ces sentimens qui procurent à l'ame ses plus douces jouissances.

Elle élève l'homme, cimente et affermie

A 2

le bonheur de la société ; elle est la mère de la fraternité, comme elle est la sœur du républicanisme.

`La nature l'a gravé dans nos cœurs bien avant la raison ; les premiers mouvemens de l'enfant sont dirigés vers la tendre mère qui le nourrit ; il semble lui dire : *Je suis reconnoissant.*

Eh ! pourquoi ne le serions-nous pas aussi, Citoyens ? Pourquoi différerions-nous à manifester les expressions de cette éclatante vertu, à ces sages qui, par leurs écrits, ont de loin préparé et amené la sublime insurrection dont nous avons tous été les témoins ; à ceux, qui, au milieu des crises les plus violentes, après avoir fondé notre liberté, sont parvenus à la maintenir ; à ces représentans éclairés, qui ont traversé tous les dangers pour nous assurer un bon gouvernement ; à ces magistrats courageux, qui, par leur conduite vraiment paternelle, ne cessent de nous donner des preuves de leur civisme et de leur entier dévouement.

Nous vous devons aussi de sincères remercîmens, généreux défenseurs de la patrie ; nous en devons aux talens et à l'héroisme de vos illustres chefs.

(5)

Qui de nous n'est pénétré de la plus vive reconnoissance, en considérant vos victoires et vos sacrifices ? Qui de nous ne vous décerne des palmes triomphales en vous voyant, d'un côté repousser et vaincre les ennemis du dehors, et de l'autre affermir la sûreté de l'intérieur, en nous donnant l'exemple du vrai républicanisme par votre soumission aux lois et l'observation de la plus sévère discipline ? Nous comptons toujours sur vos bras, comptez aussi sur nos cœurs.

Vive la République !...
Vive la Reconnoissance !...

CITOYENS ADMINISTRATEURS,

JE requiers que, conformément à l'article premier du titre six de l'Acte constitutionnel de l'an III, portant : « que dans chaque
» Canton de la République, il sera célébré,
» chaque année, sept Fêtes nationales,

SAVOIR:

» Celle de la Fondation de la République,
» le premier Vendémiaire ;
 » Celle de la Jeunesse, le 10 Germinal ;
» Celle des Époux, le 10 Floréal ;
» Celle de la Reconnoissance, le 10
» Prairial, etc. etc. »

il soit, à l'instant et dans ce lieu, procédé, avec toute la pompe et la décence convenables, à la Fête de la RECONNOISSANCE.

FÊTE

DE LA

RECONNOISSANCE.

DISCOURS

PRONONCÉ

PAR LE CITOYEN L. M. GAUTHIER;

PRÉSIDENT

De l'Administration Municipale du XIme. Arrondissement, dans l'édifice Sulpice.

CITOYENS,

La vertu seule fait le bonheur de l'homme; elle doit être sa première dot, son premier appanage. Sans vertu, la nature humaine est dégradée, et son origine, toute céleste, semble s'anéantir et se perdre dans le gouffre des passions criminelles, qui, trop souvent, ont agité les nations et changé en des habitations de douleur et de désespoir, le séjour de délices qui leur étoit destiné par l'arbitre de l'univers.

La liberté seule est la source féconde et intarissable de ce tendre amour pour la vertu; sans la liberté, on ne peut aimer véritablement sa patrie, et, si l'on n'éprouve pas ce tendre sentiment pour elle, jamais on ne peut être heureux; les hommes ne goûtent plus alors les charmes de l'amitié, les délices de la fraternité; les uns sont maîtres, les autres sont esclaves; une ligne affreuse de démarcation s'élève entre les individus d'une même famille; les maîtres craignent ceux qu'ils ont asservis, et ces derniers ne cherchant qu'à briser leurs chaînes, donnent enfin eux-mêmes des lois à ceux qui leur ont ravi le bien le plus précieux, la liberté!....

C'est devant vous, Peuple Français, que je parle aujourd'hui; devant vous, qui avez tout sacrifié pour reconquérir l'héritage qui vous étoit destiné par l'immortel auteur de la nature. Vos sublimes efforts, vos actions héroïques dans une si belle cause, où vous aviez l'Europe entière à combattre et à vaincre, ont imprimé dans les annales du monde

les traits de votre gloire, en caractères inéffa-
çables. La vertu, Citoyens, l'emporte, les
crimes vont disparoître de la terre, et c'est
vous, ô Français! qui êtes les régénérateurs
du bonheur, de l'union et de la félicité de tous
les peuples. Recevez, dans ce jour solemnel,
les tendres accens de la reconnoissance de
toutes les contrées que le soleil éclaire de
ses rayons.

Mais à qui, ô mes Concitoyens! devons-
nous le bienfait inattendu de cette liberté
chérie, après laquelle nous soupirions depuis
tant de siècles? Graces immortelles vous en
soient rendues, ô vous Sages de la Grèce et
de Rome, qui prépariez dans le lointain la
marche que nous devions tenir pour triompher de tous les obstacles qui sembloient invincibles, et s'opposer au succès de nos
généreuses entreprises! C'est à vous, nos
dignes bienfaiteurs, philosophes modernes,
qui, d'une main hardie, avez gravé sur
l'airain impérissable nos droits imprescrip-
tibles; c'est à vous, divin Voltaire, sage
Helvétius, admirable Mabli, immortel Rous-
seau; c'est vous qui avez dérobé au ciel même
le feu dont vous avez embrâsé nos cœurs;

notre reconnoissance sera éternelle comme votre gloire, et votre éloge sera dans la bouche de nos derniers neveux. C'est vous, philosophes augustes, qui avez éclairé nos yeux, dissipé les préjugés, arraché le bandeau à l'imposture, dissipé les nuages de la superstition, monstre cruel et barbare, qui couvroit la terre de larmes et de sang; c'est vous qui avez opposé le soleil de la vérité aux affreuses séductions de nos prétendus docteurs, qui empoisonnoient notre horizon de leurs dogmes pernicieux, et osoient attaquer même la divinité, en lui prêtant toutes les passions odieuses et criminelles qui faisoient leur partage, et qu'ils osoient couvrir du voile respectable de la religion.

Au milieu de nos généreux efforts, quel génie infernal vient secouer le brandon de la discorde? c'est vous, ennemis innés de ma patrie, qui vouliez régner sur des cadavres et les ruines accumulées de nos plus brillantes cités. Mais à côté de nos Catilina, de nos Manlius, siégent dans le sénat de la France, des Cicéron, des Brutus, des Caton; le sang des citoyens les plus vertueux cesse de couler, l'affreuse famine disparoît, nos cruels ennemis sont terrassés, l'espérance renaît et le sacrifice généreux de nos haines particulières, est l'holocauste le plus agréable au ciel qui ramène au milieu de nous le courage héroïque, la gloire, l'abondance, la victoire et la paix. C'est à vous, sages législateurs, c'est à vous intrépides et suprêmes magistrats du peuple, que sont dûs ces prodiges qui ont étonné l'Europe et rempli nos vœux et nos destinées. La reconnoissance publique vous offre aujourd'hui son tribut qui se perpétuera d'années en années, de siècles en siècles.

Mais l'admiration suspend ici nos expressions, conquérans anciens et modernes, guerriers, héros de l'univers dont les noms sont immortels, venez contempler les armées triomphantes de notre nouvelle république, l'Allemagne, l'Italie, toutes les nations se taisent devant elles, et c'est dans la patrie, dans la ville même des Scipion, des Cincinnatus, des Camille, c'est en présence du capitole que nos armées vont recevoir les honneurs du triomphe. Ah ! quel triomphe plus digne de la vertu, brave et généreux Duphot, ton sang versé par des mains impies a été le signal de la régénération de la superbe Rome, et tes compagnons d'armes, nos invincibles cohortes dont la vertu, la générosité et la bienfaisance égalent le courage héroique, t'ont vengé d'une façon digne de toi, digne de nous et digne enfin de cette ville un des premiers berceaux de la liberté, en lui faisant restituer ce bienfait inappréciable. Romains, souvenez-vous de votre ancienne gloire, après tant de siècles ; réveillez-vous, la vertu vous appelle, des potentats à trois couronnes ne vous of-froient que les pavots de la superstition, laissez là les hochets, renaissez, resaisissez les palmes des guerriers et les lauriers des savans, ils croissent encore sur la tombe immortelle de Virgile, et consacrez à la vénération des siècles la mémoire du généreux, du vertueux Duphot, à la mort duquel vous devez votre résurrection à la gloire et à la liberté.

Cette même gloire, l'honneur du nom français m'arrête ici bien agréablement, Os-tende ville célèbre dont les habitans viennent d'être adoptés dans notre famille immense, brillant théâtre de l'intrépidité de nos guer-riers, quel souvenir ravissant vous rappellez ? Amour sacré de la patrie, ce sont là tes pro-diges ; je retrouve ici les termophiles ; ver-

tueux et braves Spartiates, intrépide Léonidas
je vous offre un tribut d'admiration que vous
doivent tous les siècles; pour sauver votre
patrie, vous vous êtes tous immolés, tant d'ho-
norables victimes ont trouvé sur le champ de
bataille le même tombeau. O Keller! nouveau
Léonidas, tu jouis de la gloire, avec le même
nombre de français, d'avoir vaincu les bar-
bares ennemis qui pensoient te surprendre.
La valeur, la sagesse ont tout fait, tes trois
cent braves soldats n'ont point compté le
nombre de ceux qu'ils avoient à combattre,
ils savoient que la destinée des français est de
triompher partout, ils ont combattu, ils ont
vaincu, et nous n'avons de pleurs à donner
qu'à peu de nos braves frères péris dans cette
immortelle journée, dont le vertueux, l'intrépide Muscar, par sa sagesse, a partagé les
dangers et la gloire.

Vous! oh nos chers et respectables concitoyens, braves militaires de toutes les classes,
généraux, officiers, soldats français, recevez
nos tendres hommages, la patrie elle-même,
dans ce grand jour, vous les offre par ma
bouche. C'est aujourd'hui la fête de la reconnoissance nationale, c'est envers vous particu-

lièrement qu'elle doit faire éclater ses doux transports, nous vous devons l'honneur, notre gloire, notre prospérité, fruits infaillibles de vos victoires et de vos triomphes; et l'olivier de la paix ombrage vos fronts respectables, comme les lauriers brillans que vous avez su cueillir aux yeux de l'Europe étonnée.

Mais quel nouveau spectacle se présente à nos yeux? O Toulon! Que ta situation est changée! d'infames ennemis avoient souillé ton territoire, il étoit donc dans les décrets éternels que la vengeance nationale partiroit du même port, où les plus grandes insultes avoient été faites à notre pavillon. Partez, braves et intrépides Argonautes, vous allez conquérir un trésor mille fois plus précieux que la toison d'or, c'est la paix que vous allez procurer à l'univers. Tremblez, perfides ennemis, la foudre est toute prête; un héros chéri de la victoire, un héros l'objet de l'admiration de l'Europe, l'immortel Buonaparte conduit lui-même nos phalanges invincibles. Liberté chérie, ton doux empire va donc s'établir sur toutes les mers pour le bonheur de toutes les nations. Préparons de nouveaux lauriers à nos illustres vengeurs ; gloire, conduisez-les ; la reconnoissance nationale les attend, et aujourd'hui nous leur en offrons avec joie les prémices.

Vive la République!

Les administrateurs municipaux ayant apperçu dans la foule des spectateurs un défenseur de la patrie, qui se tenait modestement à l'écart, ont été au devant de lui, et l'ont invité de s'avancer dans l'enceinte où la fête était célébré ; ce citoyen était d'autant plus digne de l'hommage qu'on lui rendait, qu'il a perdu le bras droit à l'armée, et qu'il réunit la valeur guerrière au plus ardent patriotisme. Il se nomme *Philippe René,* de Porcelet, il est officier invalide, et c'est à l'âge de vingt-trois ans qu'il a perdu son bras à l'armée. Le président, à la fin de son discours, lui a adresé une apostrophe honorable ; il l'a présenté comme un modèle à imiter aux autres défenseurs de la patrie, et lui a donné l'accolade fraternelle au milieu des applaudissemens, et en revenant à la maison commune, ce brave guerrier a mar-

ché avec l'administration, placé entre le président et le commissaire du directoire, où
le peuple l'a suivi des yeux avec le plus vif
intérêt.

De l'Imprimerie de GUEFFIER jeune, rue Git-le-
Cœur, n°. 16.

www.ingramcontent.com/pod-product-compliance
Lightning Source LLC
LaVergne TN
LVHW050259030726
842520LV00006B/2462